# タロットとは

　タロットカードとは22枚の大アルカナと56枚の小アルカナによる、78枚セットになった札の集まりで、いろんな絵が描かれています。現代においては占いのアイテムとして広く知られています。

　タロットカードの起源はエジプト、イタリア、フランスなど諸説ありますが、フランス最古のタロットは1557年にリヨンで作られたものであるといわれています。日本では「戦国時代」、ちょうど川中島の戦いがおこなわれていた頃になります。その当時は単なる遊戯用カードとして、「遊び」の為に使われていました。

　その後、18世紀のフランス革命前後から「占い」に使われるようになり、また20世紀初頭からは「心理分析」のツールにもなっていきます。カード1枚1枚が世界の構成要素を表していて、それをどう捉えているかを読むことで心の中を知ったり未来を予知したり、またギャンブル勝負にも使われていたようです。

　「遊び」と「占い」と「心理分析」はタロットカードの歴史の中で大きな部分を占めています。

　今、日本で出回っているタロットカードは中世ヨーロッパの風俗が描かれたものがほとんどですが、おもしろそうな絵が描いてある！なんかこの絵を見ているとイメージがわいてくるよ！　わくわくする！　というのがタロットカードの基本です。

本書は中世ヨーロッパと時を同じく、日本の「戦国時代」というひとつのワールドにカードを対応させました。年代が同じということから違和感なくなじめ、和風のタロットカードの方がむしろしっくり来る方もいらっしゃるかもしれません。

　22枚の大アルカナに「歴史に名だたる戦国武将たち」の姿を当てはめ、戦国武将のイメージとカードをリンクさせることで、新たな可能性と想像力が生まれてくることでしょう。また、意味を覚えたり歴史を学んだりしなくても、このタロットカードは簡単に遊ぶことができます。昨今忘れられがちな「遊び」としてのタロットカードにもスポットライトを当ててみました。

　さあ、タロットが遊戯用カードであった頃のおもしろさを取り戻し、純粋にイメージをふくらませて楽しんでください。

| | |
|---|---|
| アルカナ | ラテン語で「秘儀」を意味する。 |
| 大アルカナ | 「0 愚者」から「21 世界」までの絵札からなる22枚のカード。 |
| 小アルカナ | 「カップ」「ペンタクル」「ソード」「ワンド」4種類、各14枚からなる56枚のカード。 |
| 正位置 | カードを表に返したとき、占う人から見てカードの上下が本来の絵柄の向きを示している状態。 |
| 逆位置 | カードを表に返したとき、占う人から見てカードの上下が本来の絵柄の逆向きを示している状態。 |

タロットとは……………2
本書を使った占い方……6
カード解説………………7

| 零 | 愚者 織田信長……………8 |
| --- | --- |
| 壱 | 魔術師 真田幸村……………10 |
| 弐 | 女教皇 上杉謙信……………12 |
| 参 | 女帝 浅井長政……………14 |
| 四 | 皇帝 武田信玄……………16 |
| 伍 | 法王 斎藤道三……………18 |
| 六 | 恋人たち 前田利益(慶次) 直江兼続…20 |
| 七 | 戦車 長宗我部元親……………22 |
| 八 | 力 上杉景勝……………24 |
| 九 | 隠者 最上義光……………26 |
| 壱拾 | 運命の輪 前田利家……………28 |
| 壱拾壱 | 正義 大谷吉継……………30 |
| 壱拾弐 | 吊るされた男 柴田勝家……32 |
| 壱拾参 | 死神 明智光秀……………34 |
| 壱拾四 | 節制 黒田官兵衛……………36 |
| 壱拾伍 | 悪魔 松永久秀……………38 |
| 壱拾六 | 塔 島津義弘……………40 |
| 壱拾七 | 星 石田三成……………42 |
| 壱拾八 | 月 細川藤孝……………44 |
| 壱拾九 | 太陽 伊達政宗……………46 |
| 弐拾 | 審判 豊臣秀吉……………48 |
| 弐拾壱 | 世界 徳川家康……………50 |

鑑定例………………53

**参枚引き 其の壱**……………54
主人との関係が最近うまくいっていません。ゆくゆくは別れたいと思うようになってきました。どうなっていきますか。

**参枚引き 其の弐**……………55
就活中です。早くよいところを見つけたいのですがどうなっていきますか。

**参枚引き 其の参**……………56
今の仕事をやめて独立して自分の店を持ちたいと思いますが大丈夫でしょうか。

**参枚引き 其の四** ……………………… 57
資格試験の勉強をしています。かなり難易度が高いのですが、今年はどうなるでしょうか。

**参枚引き 其の伍** ……………………… 58
最近、活力がありません。自分を強く打ち出すことができずエネルギッシュになれないのですが、どうなっていきますか。

**参枚引き 其の六** ……………………… 59
ダブル不倫中の彼がいます。この先どうなっていくでしょう。

**参枚引き 其の七** ……………………… 60
仲間うちでもめた人がいます。今も気まずいままなのですがどうなっていくでしょうか。

**参枚引き 其の八** ……………………… 61
まだ独身で結婚したいと思っていますがなかなか相手が見つかりません。どうなっていきますか。

**対戦型 其の壱** ………………………… 62
仕事関係で嫌いな人がいます。いわゆるライバル的な存在なのでなんとか勝ちたいです。

**対戦型 其の弐** ………………………… 63
企画を持ち込みたいと思っています。どちらの会社がOKしてくれるでしょう。ふたつの会社はライバル関係にあります。

**対戦型 其の参** ………………………… 64
知り合いに頼まれて代理購入をした高額商品の支払いが滞っていていっこうに入金がありません。正当なお金をもらえるでしょうか。

**対戦型 其の四** ………………………… 65
好きな人がいます。でもその人はわたしよりもっと若くてかわいい人と仲が良さそうに見えていて、そこが気になってしまいます。わたしは勝てるでしょうか。

**対戦型 其の伍** ………………………… 66
職場の上司がわたしを疎んじているように思います。人格もひどく能力もない人だと感じていますが、うまくやっていかないと困るとは考えています。どうなるでしょうか。

**対戦型 其の六** ………………………… 67
何かにつけて揚げ足を取ってくる人がいます。無視していても絡んでくるので、扱い方がよくわかりません。

**壱枚引き 其の壱** ……………………… 68
好きなことを仕事にしたいと思っています。

**壱枚引き 其の弐** ……………………… 69
もっとお金儲けがしたいです。

**壱枚引き 其の参** ……………………… 70
断捨離したいです。

## 占星術で見る
## 戦国武将の裏の顔……72

**其の壱** 黒田官兵衛 ……………………… 74

**其の弐** 細川藤孝 ………………………… 75

**其の参** 上杉謙信 ………………………… 76

**其の四** 伊達政宗 ………………………… 77

あとがき ……………………………………… 78

# 本書を使った占い方

## 【 カードの扱い方 】

1. 知りたいことを決めます。
2. [シャッフル] ぜんぶのカードを裏向きにして右から左へとかき混ぜます。
3. ある程度混ざったと思ったら横長の状態にしてひとまとめにします。
4. [カット] 利き手と反対の手でそのカードの山を好きなところで2つに分けます。
5. 分けたあとの山を上にして、ひとまとめにします。そして横長の状態で置きます。
6. 目の前の人のことを知るときには反時計回りに90度、そうでない場合は時計回りに90度回転させて置きます。
7. 上から1枚ずつめくります。

★占いカードとして

タロットカードの占い的な意味に従い、未来に起こることや心の中を読むことができます。このタロットカードセット(デッキ)は戦国武将の持つキャラクターとカード1枚ずつの伝統的な意味とをリンクさせていますのでタロットがはじめての方でも、キャラクターの動きを推測することでリアリティのある占いができるでしょう。

右図にある数字の順番にカードを並べて置いてください。

[逆位置について]

かき混ぜた中からカードを選ぶため、引いたカードが自分から見て天地が逆になっている場合があります。これを「逆位置」と呼び、そのカード本来の意味がネガティブになっている状態と捉えます。占っているときにそういったカードが出た場合、そのカードの悪い部分が出ていると読みます。また正位置のイメージ(意味)が悪いカードの場合は、その状態を改善するためのアドバイスになります。

■ものごとの流れを読む
1 過去のできごと
2 現在の状態
3 未来に起こること

■状態を観る
1 現状
2 めざしているもの
3 潜在意識
4 過去のできごと
5 未来に起こること

## 【 遊び方はいろいろ 】

★オラクルカードとして

何かしら悩みの答えが欲しいとき、戦国武将たちがお告げをくれます。1枚引いたカードに現れた武将の生き方や戦歴などが大きな暗示になるでしょう。

★遊戯用カードとして

1枚につきひとり(恋人たちはふたり)の戦国大名があてはめられていますので、自分が1枚引いて、対戦相手も1枚引くことで、例えば史実に則って勝敗を決めることができるでしょう。史実における勝敗がわかりにくいときは、数字が大きいほうが勝つことになります。カードのナンバリングを使って「ブラックジャック」や「戦争」などもできます。

カード解説

※戦国武将のエピソードは諸説あります。

# 愚者

## 零[ぜろ]

うつけ者？
言いたい奴には言わせておけ！
かまわず自分の信じた道を
進めば良いのだ！

## 織田信長

出身国：尾張国　愛刀「圧切長谷部」

愚者
織田信長

### カードの性格

◎常識にとらわれない◎
◎独自の感性◎
◎我が道をゆく◎

### 織田信長【1534年-1582年】

**青**　年期は奇抜な出で立ちと奇行により、うつけ者と呼ばれていたが美濃（現在の岐阜県）の大名斎藤道三の娘、帰蝶と婚姻。父信秀の死後、実弟信勝との家督争いの混乱を収めて尾張国（現在の愛知県）を統一。桶狭間の戦いで今川義元を討ち取ると、道三死後の美濃攻略にはじまり、実妹お市と浅井氏の政略結婚による同盟策なども駆使しながら領土を拡大。後には自らが奉じて上洛した足利義昭を追放して室町幕府を事実上滅ぼし、畿内（現在の京都、大阪周辺）を中心に強力な中央集権（織田政権）を確立、天下人となる。これによって他の有力な大名を抑えて戦国乱世の終焉に道筋をつけた。開明的ではあったが、従来の慣習を無視するなど効率重視の方針に堪えかねた家臣も少なくなかったといい重臣・明智光秀の謀反に遭い、本能寺で自害した（と伝わる）。新しいもの好きで、ある時ポルトガル人より献上された地球儀を見て「理屈に合っている」と言っていたらしい。

# 織田信長

**このカードが出たときは…**

**正位置**
古いものを壊す
自由に行動する
直観的になる

**逆位置**
周囲を気遣わない
調子に乗りすぎる
注意力不足

|  | 正位置 | 逆位置 |
|---|---|---|
| 全体運 | 自由 | 無責任 |
| 恋愛運 | 形にはまらない | いいかげん |
| 仕事運 | 前例のない<br>ことをやる | 逃避 |
| 金運 | 考えないので<br>プラマイゼロ | 散財 |
| 対人運 | 脳天気どうしの<br>気軽な付き合い | 裏切られる |

## 壱【いち】 魔術師

### 真田幸村（信繁）
出身国：信濃国　愛刀「村正」（諸説あり）

とにかく行ってみようではないか！選択肢は**無限大**、進みながら良き道を考えよう！

### カードの性格

◎新しいことを始める◎
◎技術を磨く◎
◎まっすぐさ◎

### 真田幸村（信繁）【1567年-1615年】

信濃国（現在の長野県）上田城主真田昌幸の次男であったが、少年期を上杉氏や豊臣氏の人質として過ごした。関ヶ原の戦いの時期には、西軍として父昌幸と共に上田城に籠城し、10倍の数で攻め寄せる東軍の徳川秀忠を相手に2か月以上持ちこたえる。大坂の陣では豊臣方に参戦、特に夏の陣では5倍の数に及ぶ敵前衛を突破、本陣まで攻め込み、家康を追いつめるという前代未聞の武勇を示した。冬の陣では防衛に有効な陣地（真田丸）を作り徳川方の大軍を撃退する。最期は討死したと伝わるが、普段から影武者が多数いた為、生き延びて豊臣秀頼とともに薩摩へ逃れたという説もある。江戸幕府・諸大名家の各史料にその勇猛果敢さが記録されており、それらを基に江戸時代に軍記物や講談や小説などが数多く創作されている。おもに猿飛佐助や霧隠才蔵でおなじみの真田十勇士を従え、宿敵・徳川家康に果敢に挑む英雄として語られるようになり、庶民に広く知られる存在となる。

## このカードが出たときは…

**正位置**
情報収集
多彩な能力
コミュニケーション

**逆位置**
策に溺れる
騙される
いいかげんになる

真田幸村

| | 正位置 | 逆位置 |
|---|---|---|
| 全体運 | さわやかさが味方を増やす | 相手を信じ過ぎる |
| 恋愛運 | 出会いのチャンス | おいしい言葉には嘘があるかも |
| 仕事運 | 新企画のスタート | 保留(する、される) |
| 金運 | 新しい使い途がある | 適正価格がわからない |
| 対人運 | 相手のよいところを見抜く | 誤解がある |

# 女教皇

## 上杉謙信
### 出身国：越後国　愛刀「姫鶴一文字」

> 困っているのなら助力を惜しまぬ。お互い全力で戦い、それに勝つことこそ我が誇り。

**女教皇**
**上杉謙信**

## カードの性格

◎ 純粋 ◎
◎ 神秘的 ◎
◎ 潔癖 ◎

## 上杉謙信【1530年 - 1578年】

**関** 東管領であった上杉氏の下で越後国（現在の新潟県）の守護代を務めた長尾氏出身で、のちに関東管領上杉憲政から山内上杉氏の家督を譲られるとともに関東管領をも引き継いだ。内乱続きであった越後国を統一、他国から救援を要請されると秩序回復のために幾度となく出兵した。特に北信濃の村上氏らに救援を求められて出兵し、5回に及んだとされる武田信玄との川中島の戦いは、後世たびたび物語として描かれよく知られている。幼少の頃より毘沙門天を信仰し、自らを毘沙門天の生まれ変わりと表現、そのため生涯不犯（独身）を貫くことになるが、そのことが原因で実は女性ではなかったかという説もある。また、宿敵武田信玄の領地において塩不足が伝えられると、すぐに塩を送るなど義理人情に厚い一面があるとも言われている。個人的な武勇も優れており、真偽は不明だが川中島では一時武田の陣へ単騎で乗り込み、ひと暴れして帰っていったという逸話もある。

12　カード解説

## このカードが出たときは…

**正位置**
理想を掲げる
冷静になる
文化的

**逆位置**
心がせまい
形式主義
厭世観（ものごとを悪い方向に考える）

| | 正位置 | 逆位置 |
|---|---|---|
| 全体運 | 友情をだいじにする | ストレスがたまる |
| 恋愛運 | プラトニックラブ | 理想が高過ぎる |
| 仕事運 | ノーミス | 協調性がない |
| 金運 | 武士は食わねど高楊枝（貧しくても気位を高くもつ） | ケチ |
| 対人運 | 意識の高い友人 | 孤立 |

上杉謙信

# 女帝

だいじな人は必ず守ってみせる！愛あればこそ何でも乗り越えられるのだ!!

## 浅井長政

出身国：近江国　愛刀「浅井一文字」

## カードの性格

◎発展◎
◎美◎
◎家庭的◎

## 浅井長政【1545年-1573年】

北

近江（現在の滋賀県北部）の戦国大名。浅井氏の3代目にして最後の当主。幼少時は母とともに南近江の六角氏の人質となっていた。15歳当時、父・久政を隠居に追いやり、家督を継承する。当時浅井氏を影響下に置いていた六角氏を戦いで退け、北近江の独立を勝ち取る。政略結婚で織田信長の妹、お市の方と婚姻を結び、その兄である織田信長と同盟を結ぶなどしたが、後に代々の盟友である朝倉氏と織田氏が対立した際に家中の総意に折れて朝倉方へ加勢する事となり、織田軍との戦闘を始める。当初は朝倉氏の越前（現在の福井県）一乗谷城を攻撃中の織田軍を不意打ちで退けた（金ヶ崎の退き口）が、その後の姉川の戦いでは緒戦優勢であったにもかかわらず敗戦。最後はお市の方や3人の娘たちを織田方へ逃がし落城する小谷城と運命を共にする。その後、娘の茶々は豊臣秀頼の母、淀君となり、江は徳川秀忠の妻として対立する事になったのは歴史の悲劇とも言われている。

このカードが出たときは…

**正位置**
女性のパワー
豊かさ
ルックスのよさ

**逆位置**
過保護
貧乏
不満

浅井長政

| | 正位置 | 逆位置 |
|---|---|---|
| 全体運 | 援助がある | 援助がない |
| 恋愛運 | 愛情に恵まれる | わがまま |
| 仕事運 | 拡大する | ムダが多い |
| 金運 | 儲かる | 浪費 |
| 対人運 | 優しい接し方 | しがらみが多い |

# 皇帝

## 四【よん】

## 武田信玄（たけだしんげん）

出身国：甲斐国（かい）　愛刀「来国長（らいくになが）」

> 国を富ませ兵を養うには開拓が大事。己は強兵従え天下を目指す！

### カードの性格

◎組織力◎
◎基盤を作る◎
◎強さ◎

### 武田信玄【1521年-1573年】

甲斐国（現在の山梨県）の大名・武田信虎（のぶとら）の嫡男。20歳の頃、先代・父信虎を隣国遠江（とおとうみ）（現在の静岡県西部）に追放・強制引退させて家督を相続する。早速領土拡張を目論み隣国・信濃に侵攻し北信濃まで攻め入り、当地の領主であった村上氏や小笠原氏などを追い払って支配を進めたが、彼らが越後国の上杉謙信（長尾景虎（かげとら））に助力を求めると謙信がそれを受け入れ出兵し武田軍と交戦。その後五回にわたると言われる川中島の戦いで謙信と抗争しつつ徐々に信濃国（現在の長野県）を領国化する。また甲斐本国に加え信濃、駿河（するが）（現在の静岡県中部）、西上野（にしこうずけ）（現在の群馬県西部）、遠江、三河（みかわ）（現在の愛知県東部）と美濃（みの）（現在の岐阜県）の一部を領有し、世継ぎである勝頼（かつより）の時代にかけて領国を一挙に拡大した。晩年、上洛を目指した西上作戦では三方ケ原で徳川家康を敗ったがその後移動中に病を発し、信濃国で病没したが遺言により3年間は公表されなかったという。

カード解説

## このカードが出たときは…

**正位置**
仕事ができる
頼りがいがある
常識的

**逆位置**
下克上
怒りっぽい
非常識

武田信玄

|  | 正位置 | 逆位置 |
|---|---|---|
| 全体運 | 安定感がある | ワクからはみだす<br>やりすぎ |
| 恋愛運 | 男らしい | 周囲が<br>見えていない |
| 仕事運 | 目標達成 | 中断する |
| 金運 | 稼ぐ能力がある | ギャンブルの失敗 |
| 対人運 | 信頼できる | 身勝手<br>強引 |

カード解説

# 伍[ご] 法王

人はいつか死ぬるものなれば悔いなき人生の為、手段は選ばぬ！

## 斎藤道三 さいとうどうさん

出身国：山城国（諸説あり）
長槍

### カードの性格

◎自信を持つ◎
◎人々を導く◎
◎伝統的なもの◎

### 斎藤道三【1494年-1556年】

美[み]濃[の]国（現在の岐阜県）を治めていた大名。「美濃の蝮[まむし]」の異名を持ち、下克上によって当時美濃の領主であった土岐[とき]氏を乗っ取り戦国大名に成り上がったとされる。早くから隣国尾張[おわり]の織田信長の器量に気づき、当時からうつけと言われていた信長に対し、自分の息子らは「そのうつけの下につくことになるだろう」と予言、娘である帰蝶[きちょう]（濃姫）との婚姻をすすめた。美濃の戦国大名として天文23年（1554年）まで君臨した後、長子の義龍[よしたつ]へ家督を譲ったが、何故かその後義龍の弟たちを優遇し始める。ほどなくして義龍との関係が悪化し道三の油断から義龍が挙兵し進軍、道三は猛攻撃にさらされる。一報を受けた織田信長はすぐに援軍を率いて美濃の国境まで迫ったが、間に合わず弘治2年（1556年）4月に長良川の戦いで圧倒的劣勢であった道三の軍はついに敗れて本人も討ち死にした。その際、信長に宛てた遺書があり、それには美濃一国を信長に譲るという内容が書かれていたという。

18　カード解説

このカードが出たときは…

| 正位置 | 信頼できる 頭がいい 忠実 |
|---|---|
| 逆位置 | 不信 わるいこと 裏切る |

|  | 正位置 | 逆位置 |
|---|---|---|
| 全体運 | 保守的 | 頭がかたすぎる |
| 恋愛運 | 周囲に認められる相手 | 嘘をつく |
| 仕事運 | 上司に恵まれる | 契約破棄 |
| 金運 | 正当な報酬 | あやしい稼ぎ |
| 対人運 | 謙虚 | 礼儀知らず |

カード解説

# 六【ろく】 恋人たち

これはまた貧乏クジを引いたか？
いやいや、常に劣勢で戦うことこそ武士の誉れよ！

恋人たち
前田利益　直江兼続

## 直江兼続
出身国：越後国　愛刀「三条宗近」

## 前田利益（慶次）
出身国：尾張国（諸説あり）　愛刀「関ノ孫六 兼元」

## カードの性格

◎わかりあう◎
◎美◎
◎友情◎

### 直江兼続【1560年-1619年】　前田利益（慶次）【1541年-1617年】※諸説あり

**直** 江兼続：幼少より上杉景勝の近侍として仕える。佐渡征伐、小田原征伐と景勝に従い従軍し、時には内政に力を尽くして領内の富国化に努める。上杉家は関ヶ原の戦いの時には西軍に参加し最上家の長谷堂城へ攻め込む事となり、兼続はその指揮を任されるが西軍が早々に敗戦したため撤退。徳川家への降伏と謝罪、その結果による領地減封後も上杉家存続に力を尽くす。

**前** 田利益（慶次）：前田利家の義理の甥。滝川一益の一族とも言われている。末森城攻防戦、小田原征伐と利家に従い従軍したが何かの理由で仲違いを起こし利家のもとを出奔、京都で傾奇者（個性的な変わった行いをする者）として浪人生活を送るが、その時に兼続と出会い意気投合し上杉家に仕官する事となった。秀吉に呼ばれ大阪城へ登城した際に猿踊りを披露したという説もあり、豪胆であったらしい。最上家との長谷堂城の戦いでは撤退戦で殿として大功を上げる。晩年は、米沢近郊に庵を構えて隠居、庵には兼続も度々訪問し酒を酌み交わしていたらしい。

20　カード解説

## このカードが出たときは…

**正位置**
相性がいい
選択眼がある
楽しい

**逆位置**
いいかげんになる
堕落する
選択できない

直江兼続 前田利益

| | 正位置 | 逆位置 |
|---|---|---|
| 全体運 | センスがよい | 選べない |
| 恋愛運 | モテる | あきっぽい |
| 仕事運 | 協力者出現 | ミス多発 |
| 金運 | 臨時収入 | その日暮らし |
| 対人運 | ノリが合う | 口だけの関係 |

カード解説

# 戦車

## 七【なな】

良いか者ども目指すは四国統一！前進あるのみ！邪魔なやつは容赦せぬぞ！

### 長宗我部元親(ちょうそかべもとちか)

出身国：土佐国(とさ)　愛刀「牛丸(うしまる)」

## カードの性格

◎集中力◎
◎勝利◎
◎積極性◎

## 長宗我部元親【1539年-1599年】

長宗我部氏第21代当主。幼少時代はか細い美少年で、姫若子(ひめわこ)と呼ばれていた。阿波(現在の徳島県)・讃岐(現在の香川県)の三好氏、伊予(現在の愛媛県)の西園寺氏・河野氏らを降し、四国の覇者となる。その後四国は織田信長の侵攻を受けそうになるが本能寺の変で中止となり一難は去る。しかしそれも束の間、信長の後釜となった豊臣秀吉の四国遠征軍に敗れて土佐一国に領地減封となった。その後秀吉の命令により九州(島津)征伐戦に出兵する事になり嫡男の信親を連れて行くが、征伐軍は反目しあう四国各地の諸将の寄せ集めであった。ほどなくして烏合の衆と化した上に総大将である仙石秀久(せんごくひでひさ)の誤った戦闘指揮のもと劣勢となった戸次川(へつぎがわ)の戦いで最愛の息子・信親を亡くす。この事は元親にとってこの上ない悲しみであり、その後性格が破たんして家中を混乱させたままこの世を去ったという。常に「欲張らずに一芸に秀でよ」と家臣に言っていたらしい。

このカードが出たときは…

**正位置**
戦って勝つ
移動する
勇気

**逆位置**
負ける
混乱する
偏見がある

|  | 正位置 | 逆位置 |
|---|---|---|
| 全体運 | 忙しい | トラブル |
| 恋愛運 | アタックしてゲットする | 暴走する |
| 仕事運 | 頑張りが功を奏する | 雑な仕事ぶり |
| 金運 | 勝負に出る | 判断が裏目に出る |
| 対人運 | もりあがる | 喧嘩になる |

長宗我部元親

# 力

逆境に耐えてこそ真の武士（もののふ）！
大事なものすべてを
守る為にたたかうぞ！

## 上杉景勝
### 出身国：越後国　愛刀「草間一文字（くさまいちもんじ）」

## カードの性格

◎ 理性 ◎
◎ コントロール ◎
◎ 精神力 ◎

## 上杉景勝【1556年-1623年】

越（えち）後国（現在の新潟県）の長尾家の次男として生まれ、その後春日山城に入って叔父・謙信の養子となった。謙信の死後は後継者争い（御館の乱（みたてのらん））が起きたが、自派の中でも忠誠心が怪しい者は迷わず排除するなど冷徹な面を見せ、たくみに勢力をまとめ上げるという手腕を見せる。その際領内の混乱に乗じて織田軍が侵入、激戦の末に国境押さえの要である魚津城（うおづじょう）を奪われるが、その後北信濃（現在の長野県北部）の領地を勝ち取ったうえ領内の再統一を果たし90万石の領地を得る。信長の死後は秀吉に臣従し、小田原征伐軍参加をはじめとする功績により越後から会津120万石へ領地加増のうえ移転とされる。関ヶ原の戦時では豊臣家の西軍側として最上義光と戦うが関ヶ原にて西軍が敗れた為撤退し、降伏する。そのため領地も30万石へ減封される事となるが、その後上杉氏は幕末まで米沢藩を維持することになる。また、景勝は刀の愛好家としても知られ35本のコレクションを秘蔵していたという。

## このカードが出たときは…

**正位置**
獰猛な人をてなずける
信念がある
忍耐力

**逆位置**
自信喪失
ストレス
理性を失う

上杉景勝

| | 正位置 | 逆位置 |
|---|---|---|
| 全体運 | 勇気をもって立ち向かう | テンションダウン |
| 恋愛運 | 尊敬できる | 欲望が先行する |
| 仕事運 | 努力が実を結ぶ | 周囲に振り回される |
| 金運 | 物欲をコントロールする | 支出が過剰 |
| 対人運 | 高め合える関係 | エゴのぶつかりあい |

# 九【きゅう】 隠者

どんなに押されていても
**あきらめぬぞ!!**
敵を退ける**手だて**が
どこかにあるはずなのじゃ!

## 最上義光（もがみよしあき）

出身国：出羽国　愛刀「鬼切丸（おにきりまる）」

## カードの性格

◎深謀遠慮◎
◎知性◎
◎過去に学ぶ◎

## 最上義光【1546年-1614年】

出羽国（現在の山形県と秋田県の一部）最上義守の嫡男。家督問題で父と対立したが、家臣の仲裁により和解、義光は家督を得て父は出家した。義光の妹・義姫（のちの保春院）が伊達輝宗に嫁いでおり長男・梵天丸（ぼんてんまる）（後の伊達政宗（だてまさむね））を生んだため、伊達政宗の伯父にあたる。義弟であるはずの伊達輝宗は事あるごとに最上領への干渉を試みたが、その都度全て退けている。やがて豪族たちを抑えて出羽国を平定、その後は庄内地方まで手を伸ばしたが、秀吉に認められず返還する事となる。その後豊臣秀次（ひでつぐ）に再三せがまれ娘の駒姫を嫁がせる直前に秀次が謀反の疑いで処刑、婚姻直前であったにも関わらず駒姫も連座で処刑され、その事件で秀吉への憎悪を生む事になったと言われる。そのため家康との仲を深め、関ヶ原の戦いに呼応し領内へ侵入して来た西軍側の上杉景勝（うえすぎかげかつ）の軍勢と戦い長谷堂城（はせどう）の戦いでこれを退ける。その功績により領地を拡げ、57万石の大名に成長した。

このカードが出たときは…

**正位置**
孤独
内省する
クール

**逆位置**
孤立
偏屈
老化

最上義光

| | 正位置 | 逆位置 |
|---|---|---|
| 全体運 | 精神性の高さ | 心を閉ざしている |
| 恋愛運 | プライドが高い | 過去にこだわる |
| 仕事運 | 派手な動きがないが進行はしている | 協調性がなく進まない |
| 金運 | 冒険しない | ケチすぎてお金が回らない |
| 対人運 | マニアックな仲間 | 会話が盛り上がらない |

カード解説

# 壱拾 運命の輪

地獄の沙汰も金次第
だが金が無い時にこそ
本当の友が見つかるものじゃ

## 前田利家
出身国：尾張国　愛刀「大典太光世」

### カードの性格

◎時流を読む◎
◎タイミングに乗る◎
◎チャンス◎

### 前田利家【1538年-1599年】

小姓として幼少時から信長に仕え、その影響からか自らも傾奇者(個性的な変わった行ないをする者)であったというが、青年時代は赤母衣衆(近衛兵)として従軍。槍の名手であったため「槍の又左」の二つ名を持っていた。柴田勝家の部下として北陸方面軍に属して各地を転戦し能登国(現在の石川県北部)23万石の大名となる。しかし本能寺の変の後、秀吉と勝家が対立し、はじめ利家は佐々成政らとともに勝家側に付くが、後に秀吉に寝返った。そのため隣の越中国(現在の富山県)の成政が利家配下の末森城に攻め入ってきたがこれを退ける。以後、豊臣家の幕下に入り秀吉の天下平定事業に従軍、加賀国(現在の石川県南部)・越中国を与えられ加賀藩百万石の基礎を築いた。前田利益(慶次)の叔父であるが、あまり仲は良くなかったらしい。また、豊臣五大老に封じられ、豊臣秀頼の後見人を任じられる。秀吉の死後、内部争いに仲裁役として働き、覇権を握らんとする徳川家康の押さえに苦心するが、秀吉の死の8ヶ月後に病死した。

このカードが出たときは…

**正位置**
幸運
よい決断
変化を読む

**逆位置**
すれ違い
延期
かみあわない

| | 正位置 | 逆位置 |
|---|---|---|
| 全体運 | サイクルを読む | 時代遅れ |
| 恋愛運 | 運命的な出会い | タイミングが合わない |
| 仕事運 | 好機をつかむ | 変化についていけない |
| 金運 | 増収あり | ツキがない |
| 対人運 | 世界が広がる | おとなになれない |

# 壱拾壱【じゅういち】 正義

たとえ滅びへ向かうと わかっていても わたしは 友を見捨てる事など 出来ないのでござるよ

## 大谷吉継
### 出身国：近江国　愛刀「敦賀正宗」

## カードの性格

◎公明正大◎
◎義を重んじる◎
◎バランスをとる◎

## 大谷吉継【1559年-1600年】

出自は諸説あるが、豊臣秀吉の小姓上がりで秀吉軍の九州征伐遠征のときに兵站奉行（補給部隊）として赴いた石田三成の部下として功績を上げ、その後越前国（現在の福井県）敦賀城の城主となる。秀吉の死後徳川家康とは懇意にしており当初関ヶ原の戦いでは家康と合流する予定であった。だが進軍中にかつての上司であり友人でもある三成の城に立ち寄り、家康と戦っても勝ち目は無いと説こうとしたが逆に打倒家康を目指す三成の熱意と友情に惹かれ、三成に味方する。軍略に長けていたと言われており、戦いの際には西軍を裏切り突入してきた小早川秀秋の軍勢に対し、10分の1ほどの兵力で激しく抵抗し3回も押し返した。更なる裏切りが出てもなお孤軍奮闘していたが、衆寡敵せず最後は自刃する。業病（ハンセン病）を患っており、晩年は頭を白い頭巾で隠していたと言われている。関ヶ原では4人担ぎの輿に乗り、兵の指揮をした。その姿はさながら三国志の名軍師である諸葛孔明のようではなかっただろうか。

## このカードが出たときは…

**正位置**
パートナーシップ
人間関係をだいじにする
誠実さ

**逆位置**
裏切る
不正
アンバランス

大谷吉継

| | 正位置 | 逆位置 |
|---|---|---|
| 全体運 | 約束を守る | 約束を守らない |
| 恋愛運 | 相手を尊重する | うそをつく |
| 仕事運 | 契約成立 | 契約不成立<br>もしくは不履行 |
| 金運 | 費用対効果の<br>バランスがとれる | 働きに<br>見合わない報酬 |
| 対人運 | なかよし | 偽善 |

# 壱拾弐 [じゅうに] 吊るされた男

一度は捨てたこの命、
わが主の為命を懸けて
誠心誠意尽くすのみぞ！

## 柴田勝家 [しばたかついえ]

出身国：尾張国 [おわりのくに]　愛刀「和泉守兼定」[いずみのかみかねさだ]

吊るされた男
柴田勝家

## カードの性格

◎忍耐◎
◎奉仕◎
◎修行する◎

## 柴田勝家【1522年-1583年】

元々は織田信長の父である信秀 [のぶひで] の家臣であったが、その死後は信長の弟である信勝 [のぶかつ] の家臣となる。信勝は信長と家督を争っており、そのため勝家は信長の排除を画策するが、敗れて信勝の死亡後に信長に帰属することとなる。その後、主に戦場で活躍したが南近江の六角 [ろっかく] 氏攻めの際、逆包囲され長光寺城に籠城を余儀なくされた。その際残り少ないありったけの水を兵士に振る舞い、背水の陣とばかりに士気を上げて城から打って出て見事に勝利したという逸話がある。越前国49万石を与えられ、北ノ庄 [のしょう] 城を築城し上杉氏と対峙。信長の死後、豊臣秀吉と後継者指名で対立する中、秀吉の勧めで織田家重臣認定のもと信長の妹であるお市の方と結婚する。しかしその後も秀吉との対立は解消せず開戦、賤ヶ岳 [しずがたけ] にて対戦するが、徐々に追い詰められ最後は居城である北ノ庄城にてお市の方とともに自害する。お市との結婚生活は8か月余りであったという。この時、娘である3人姉妹（浅井長政と市の子）は城を逃れる。

このカードが出たときは…

| 正位置 | 困難に耐える<br>苦労する<br>身動きできない |
| --- | --- |
| 逆位置 | 見返りがない<br>中途半端<br>向上しない |

|  | 正位置 | 逆位置 |
| --- | --- | --- |
| 全体運 | 犠牲になる | 報われない |
| 恋愛運 | 事態が動かない | 腐れ縁 |
| 仕事運 | 縁の下の力持ち | 成果が出ない |
| 金運 | 出ていくことばかり多い | おいしい話に騙されやすい |
| 対人運 | 視点が変わる | 同情心だけの関係 |

# 壱拾参【じゅうさん】 死神

> 戦ばかりの世の中よ、だがこの光秀が新しき世を作り出す礎となってくれよう！

## 明智光秀【あけちみつひで】

出身国：美濃国（みの）
愛刀「備前近景」（びぜんちかかげ）

---

## カードの性格

◎決断◎
◎急変◎
◎終わり◎

---

## 明智光秀【1528年-1582年】

美濃国（現在の岐阜県）の出身。もとは斎藤道三の家臣筋であったが、長良川の戦いで斎藤義龍に居城を攻められ一族は越前の朝倉家へと落ち延びる。その後朝倉家を頼ってきた足利義昭とつながりを持ち、義昭と信長をつなげる役割を果たし、足利家と織田家の両所属家臣となる。比叡山延暦寺焼き討ちで功を上げ、翌年の足利義昭の信長に対する挙兵の際には信長の直臣として態度をはっきりと決めて戦いに参加した。丹波攻めでは反乱を起こした荒木村重を初め反織田方の武将を次々と平定し丹波34万石を与えられる。徳川家康の接待役を命じられたがすぐに解任、秀吉の毛利攻めへの援軍を申し渡され、進軍中に本能寺の変を起こし信長を暗殺する（暗殺の理由は諸説あり）。毛利氏と和睦をまとめた秀吉軍が大急ぎで戻り、対峙した山崎の戦いでは大敗、敗走中に山中で野武士に襲われた際の傷が元で死亡したという。愛妻家であり、正室の存命中には側室を一切置かなかったらしい。

## このカードが出たときは…

**正位置**
なにかを捨てる
意識が大きく変化する
生きるか死ぬかの判断

**逆位置**
復活
再生
更新

| | 正位置 | 逆位置 |
|---|---|---|
| 全体運 | 価値観の大変化 | 再出発 |
| 恋愛運 | 今までと違う関わりになる | 復縁 |
| 仕事運 | 経歴が変わる | リベンジ |
| 金運 | 収入がストップする | 失った分を取り戻す |
| 対人運 | 縁が切れる | リユニオン |

明智光秀

# 壱拾四 【じゅうよん】 節制

## 黒田官兵衛
出身国：播磨国　愛刀「日光一文字」

> 他人の文句はいつでも言えるが身にはならん。
> だが欠点は支えてやれば己の力にもなるのだ！

## カードの性格

◎節度がある◎
◎調和する◎
◎理解する◎

## 黒田官兵衛【1546年-1604年】

姫路で生まれる。当時の播磨国の大名である小寺家の家臣という立場の家柄であったが、家督を継ぎ主君である小寺政職の姫を正室として姫路城代となる。早くから織田信長を高く評価しており、主君にも織田家との同盟を強く勧めて謁見を取り持つ。荒木村重の謀反の際には主君が村重に呼応しようとしたため、村重の居城である有岡城へ説得に赴くが失敗し、1年程の拉致監禁生活を送る。その後は豊臣秀吉の家臣となり、中国(地方)征伐に従軍。備中高松城が中々落ちず、秀吉に水攻めを進言する。そしてその最中に本能寺の変が起きるが、秀吉には冷静に対処する事を進言、敵に気づかれずに急いで引き返す為に城主清水宗治の切腹と引換に城兵の命を救う講和を提案し、秀吉による「中国大返し」を実現。帰還直後の明智軍との戦い(山崎の戦い)では鍵となる天王山を押さえて勝利を確定付ける。後世、この戦は勝負を決める分岐点のことわざ「○○の天王山」の語源となる。

36　カード解説

## このカードが出たときは…

**正位置**
自然な感じ
コミュニケーション
環境に適応する

**逆位置**
いいかげん
誤解がある
覇気がない

黒田官兵衛

| | 正位置 | 逆位置 |
|---|---|---|
| 全体運 | エコロジー | 不誠実 |
| 恋愛運 | わかりあえる関係 | 信頼できない |
| 仕事運 | やるときはやる | 意思疎通ができていない |
| 金運 | 分相応 | 浪費 |
| 対人運 | 和める関係 | 理解不足 |

# 壱拾伍 [じゅうご]

## 悪魔

案ずることは何もない！
さあ、この久秀とともに
楽しくおかしく生きようではないか！

悪魔
松永久秀

## 松永久秀 まつながひさひで

出身国：諸説あり
愛刀「骨喰藤四郎」(ほねばみとうしろう)（諸説あり）

## カードの性格

◎生存本能◎
◎欲望の強さ◎
◎本音◎

## 松永久秀【1510年-1577年】

初めは三好長慶(みよしながよし)に仕えたが、やがて三好家内で実力をつけ、足利将軍家への調整役などで活躍した。長慶の死後は三好三人衆と時には協力、別の時には争うなど離合集散を繰り返し、畿内(きない)の混乱する情勢の中心人物の一人であった。織田信長が足利義輝の弟・義昭(よしあき)を奉じて上洛してくると、一度は降伏してその家臣となる。その後、信長に反逆して敗れ、信貴山城(しぎさん)で自害した。その死について、文献によると日本初となる爆死という方法で自害したと伝えられているが、事実であったかどうかは定かではない。平蜘蛛(ひらぐも)という茶釜をことのほか愛用しており、自害の際はこの茶釜に火薬を詰めて着火・爆死したとされている。一説によると信長は平蜘蛛を献上すれば赦すと伝えたが久秀はそれを拒絶、自分の死後信長の手に渡るのが嫌で爆発させたらしいとも言われている。子づくりのためのいろは本を著作したり、日本初のクリスマス休戦を提案したり（諸説あり）と個性豊かであったらしい。

カード解説

## このカードが出たときは…

**正位置**
執着心
支配
信仰心のなさ

**逆位置**
現実に疲れる
解放されるほうに向かう
自分の愚かさに気づく

|      | 正位置 | 逆位置 |
| --- | --- | --- |
| 全体運 | 騙す騙される | 欲望が少なくなる |
| 恋愛運 | 嫉妬と依存 | 腐れ縁解消 |
| 仕事運 | お金のトラブル | トラブルから抜け出す |
| 金運 | 物欲の強さ | 見栄をはらない |
| 対人運 | 損得勘定のある関係 | 悪い仲間から離れる |

松永久秀

# 壱拾六【じゅうろく】 塔

島津義弘

## 島津義弘
### 出身国：薩摩国
### 愛刀「西蓮（せいれん）」

己は死など全く恐れぬぞ！
名だたる武士は
死に際こそ美しいのじゃ

## カードの性格

◎びっくりするようなできごと◎
◎大きなインパクト◎
◎ものごとの崩壊◎

## 島津義弘【1535年-1619年】

島津貴久（たかひさ）の次男。19歳で初陣を飾り、島津家当主の兄義久を補佐しながら隣国日向国（現在の宮崎県）伊東氏を降す。その後は肥後国（現在の熊本県）の阿蘇氏を降し、続いて豊後国（現在の大分県）の大友氏とも戦うが、秀吉が大友氏へ援軍を出してくる（九州征伐）。義弘自らも先頭で戦ったが、兵力が劣勢に追い込まれる事になり降伏。人質を出すことにより許される。その後文禄の役、慶長の役ともに朝鮮へ渡り敵に恐れられるほどに勇猛果敢に戦う。関ヶ原の戦いでは当初東軍に属すため京都へ向かったが、家康の家臣の鳥居元忠に追い払われて西軍に属する事にした。やがて西軍は敗戦したが義弘は退却時に家臣たちの壮絶な捨て身の盾により脱出を図る。家康は追討の軍を向けたが、勇猛な島津軍と戦って被害甚大となる事を恐れて、義弘に対しては「個人の行いであった」として異例の御咎めなしとした。武勇・戦績ともに優れ、寡兵で大軍を破ったり包囲を突破したりと「鬼島津」の異名を持つ。

40　カード解説

## このカードが出たときは…

**正位置**
- ショックを受ける
- 破綻
- 災害

**逆位置**
- 誤算
- 小規模なトラブル
- 事実上の破綻

島津義弘

| | 正位置 | 逆位置 |
|---|---|---|
| 全体運 | 無慈悲な大変化 | アクシデントにあう |
| 恋愛運 | 大げんか | 悪い予感が当たる |
| 仕事運 | 予期せぬトラブル | 方向転換を余儀なくされる |
| 金運 | 損失 | 期待が持てない |
| 対人運 | 疎遠になる | いじめ |

# 壱拾七 [じゅうなな] 星

## 石田三成（いしだみつなり）

出身国：近江国（おうみ）　愛刀「石田正宗（いしだまさむね）」

大恩ある主の為、命をかけて大義を貫く！それが拙者の生きる道ぞ！

## カードの性格

◎理想を掲げる◎
◎未来を考える◎
◎ビジョンを持つ◎

## 石田三成【1560年-1600年】

秀吉が鷹狩りの途中に石田家に立ち寄った際、三成が用意した茶の淹れ方に感動して小姓として召し抱えられたと言われている。本能寺の変後に秀吉の側近として頭角を現し、九州（島津氏）征伐では大量の輸送を担当し混乱なく成し遂げ、小田原（北条氏）征伐で忍城攻撃を命じられた際は、水攻めの為に28kmに及ぶ堤防を造営、それが今も残り「石田堤」と呼ばれている。文禄（ぶんろく）の役、慶長（けいちょう）の役でも後方支援において功績を挙げた。秀吉の死後は五奉行の一人として豊臣秀頼（ひでより）に忠誠を誓い、変わらず豊臣家の為に働いたが、徐々に力をつけて台頭してきた徳川家康と次第に対立していく。そして豊臣家存続を願い、家康を排除する為に挙兵し関ヶ原の戦を起こすが、緒戦優勢であったにも関わらず小早川秀秋（こばやかわひであき）らの裏切りにより、徐々に形勢不利となり、奮戦空しく敗戦となる。捕縛され、京都の六条河原で斬首される最後の瞬間まで希望を捨てず、姿勢正しく気丈に振る舞っていたという。

## このカードが出たときは…

**正位置**
友情
理論
希望

**逆位置**
机上の空論
だらだらする
現実逃避

石田三成

| | 正位置 | 逆位置 |
|---|---|---|
| 全体運 | 美学がある | 周囲とズレがある |
| 恋愛運 | 夢がかなう | 妄想的 |
| 仕事運 | 将来計画ができる | 高望みしすぎ |
| 金運 | 目先の儲けより<br>ロングスパンの収入<br>（少額だが長期に渡る） | 無計画すぎる |
| 対人運 | 同じ趣味の友人と<br>向上心を持って関わる | 心が狭くて<br>孤立する |

# 壱拾八 [じゅうはち]

## 月

## 細川藤孝（幽斎）[ほそかわふじたか][ゆうさい]

出身国：山城国[やましろ]　愛刀「豊後国行平作[ぶんごのくにゆきひらさく]」

> そなたは運を持っている。運を持つという事はそれだけで天に選ばれているのですぞ！

### カードの性格

◎芸術◎
◎目に見えないものをだいじにする◎
◎第六感◎

### 細川藤孝（幽斎）【1534年－1610年】

**京** 都東山に生まれ、明智光秀[あけちみつひで]や和田惟政[わだこれまさ]らとともに足利将軍家に仕えていたが織田信長が足利義昭[あしかがよしあき]を奉じた事により信長と通じるようになる。だが、義昭と信長が対立した際にはいち早く信長への恭順を表明し、その後は織田軍として石山合戦や信貴山城の戦いなどに参加、功績を挙げる。本能寺の変では親戚であり友でもあった光秀からの再三の誘いを断ったうえ、家督を嫡子忠興[ただおき]に譲渡のうえ出家し田辺城へ隠居する。このことにより秀吉にも重用される。だが関ヶ原の戦いの前に東軍側へ参加するため忠興が出陣した後、居城を石田三成側（西軍）の大軍に包囲される。留守部隊500名で徹底抗戦し2か月籠城したが、やがて疲弊し朝廷が仲立ちを申し出た事により降伏・軟禁生活に入る。朝廷は「藤孝は芸術や文化に通じており、古今和歌集の解釈を伝える人間が居なくなっては困る」為に仲立ちをしたと言われている。その後関ヶ原で東軍が勝利した為解放される。晩年は京都吉田で悠々自適に暮らしたという。

## このカードが出たときは…

**正位置**
ものごとをはっきりさせない
美しいもの
内面を見つめる

**逆位置**
危機を回避する
誤解がとけつつある
不安の解消

細川藤孝

| | 正位置 | 逆位置 |
|---|---|---|
| 全体運 | あいまいなもの | 輪郭が見えてくる |
| 恋愛運 | 形式にとらわれない恋愛 | 現実を考え始める |
| 仕事運 | 先が見えない | 目標を定める |
| 金運 | どんぶり勘定 | ずさんさに気づく |
| 対人運 | 中途半端な態度 | 本音が見えてくる |

# 壱拾九【じゅうきゅう】 太陽

## 伊達政宗【だてまさむね】

出身国：出羽国（でわ）　愛刀「鞍割り景秀（くらわりかげひで）」

太陽　伊達政宗

> 伊達な男は目立ってなんぼじゃ！
> それ、男なら派手に着飾り
> 見せつけてやるのだ！

## カードの性格

◎ 華やかさ ◎
◎ 正々堂々 ◎
◎ 公明正大 ◎

## 伊達政宗【1567年-1636年】

出羽国（でわ）（現在の山形県、秋田県の一部）米沢城（よねざわ）で生まれる。幼少期に患った天然痘の影響で右目を失い隻眼となる。16歳の時に父輝宗（てるむね）が対立していた大内氏に拉致されたが、執拗に追跡し父もろとも拉致犯を銃殺するなど冷酷な面も見せた。その後幾多の戦いを経て福島以北をその影響下においた。秀吉の小田原征伐ではギリギリまで迷ったが遅ればせながら秀吉の参陣要請に応える。文禄の役では出兵途中、絢爛豪華（けんらんごうか）な軍装の兵を連れて京都を行軍して評判となり、後世派手な着物を着る人を『伊達者（だてもの）』と呼ばれる元となったという。関ヶ原の戦いでは東軍に属し、西軍である上杉氏の侵攻を受けた隣国の最上氏へ援軍を出している。慶長18年（1613年）には家康の許可を取り、領内で欧州船の建造（ガレオン船）を行い支倉常長（はせくらつねなが）をはじめとする慶長遣欧使節（けいちょうけんおうしせつ）を送り出した。実は料理人という一面もあり、「ずんだ餅」「凍り豆腐」「仙台味噌」の考案者という説もある。

46　カード解説

## このカードが出たときは…

**正位置**
- 子供のようなまっすぐさ
- 明るさ
- 成功

**逆位置**
- 過保護
- 調子に乗る
- 脳天気

伊達政宗

| | 正位置 | 逆位置 |
|---|---|---|
| 全体運 | 幸福なできごと | 自信過剰 |
| 恋愛運 | 発展する | ノリが良すぎる |
| 仕事運 | 成功する | 計画性はないが<br>うまくいく |
| 金運 | 収入アップ | なんとかなる<br>楽天性 |
| 対人運 | 自己表現が<br>うまくいく | 幼稚さで<br>周囲から浮く |

# 審判

## 武拾【にじゅう】

この世は全て思い込み。負けると思えば負けるし勝つと思えば勝てるのじゃ！

豊臣秀吉

## 豊臣秀吉（とよとみひでよし）

出身国：尾張国
愛刀「一期一振（いちごひとふり）」その他

### カードの性格

◎変容◎
◎大出世◎
◎レベルアップ◎

### 豊臣秀吉【1537年-1598年】

最初は今川家に仕えていたが出奔し、織田信長に小間使いとして召し抱えられる。馬番からどんどん出世して足軽大将となったときに斎藤龍興との戦が起こる。柴田勝家らが拠点の墨俣に砦を築こうとしても敵の妨害で何度も失敗。だが秀吉は地元の豪族を味方に引き入れて一夜にして砦を築く事に成功し、功を上げたとされる。また、越前金ヶ崎城の朝倉孝景を攻撃している最中に浅井長政軍に背後を衝かれ、信長軍は撤退をする事になったが、その際に殿をつとめ見事にその激戦を潜り抜けて大功を立てる。その後も着実に勲功を重ね、織田家重臣となる。毛利征伐中に本能寺の変が発生、黒田官兵衛の進言に従い素早く毛利氏との和議を進めて誰よりも早く京都方面へと帰還、山崎の戦いにて明智光秀を破り、天下人への道を歩む。人たらしの名人であり、敵方から味方へ変わった者は多数という。また親孝行者とも言われ、実母（大政所（おおまんどころ））と頻繁に手紙のやり取りをしていたらしい。

## このカードが出たときは…

**正位置**
一気に動く
不屈の精神
プレッシャーに打ち勝つ

**逆位置**
納得できない
レベルアップできない
自信がない

| | 正位置 | 逆位置 |
|---|---|---|
| 全体運 | 大きな目覚め | はっきりできない |
| 恋愛運 | 努力の結果 望みがかなう | 価値観の違う相手 |
| 仕事運 | 大きな仕事が来る | チャンスをつかめない |
| 金運 | 生活レベルが上がる | 低め安定 |
| 対人運 | 向上心のある友人 | 過去のトラウマにこだわる |

# 弐拾壱【にじゅういち】

## 世界

### 徳川家康
出身国：三河国【みかわ】
愛刀「日光助真」【にっこうすけざね】その他

> 大事を為すには小事から！
> コツコツ努力がいつか着実に
> 身を結ぶのじゃ。

## カードの性格

◎到達◎
◎完成◎
◎大団円◎

## 徳川家康【1543年－1616年】

三河生まれ。当時の三河は東の今川氏、西の織田氏という強豪に囲まれており、家康は幼少時代その両者の人質となっていた時期がある。織田家では信長と知り合い、今川家では軍師として高名な太原雪斎（たいげんせっさい）の師事を受けたという。桶狭間（おけはざま）の戦の際には、今川軍の先鋒として織田軍の砦をいくつか占領するなど武勲を上げたが、今川義元（いまがわよしもと）の死後は三河を独立させ、信長と同盟を結び東日本へ勢力を伸ばす。武田氏とも戦い三方ヶ原で一度は敗戦するが、武田信玄（たけだしんげん）の死後に織田家の援軍を得て武田勝頼を長篠の戦にて討ち破り、その後武田家の元家臣を吸収。信長の死後は豊臣秀吉と対立したが小牧長久手（こまきながくて）の戦いでの敗戦の為一時的に和解する。秀吉の死後は関ヶ原の戦いにて豊臣方の武将を破ることに成功し、その後は大阪冬・夏の陣にて豊臣氏の影響力を更に削って征夷大将軍となり江戸幕府を開き、名実ともに日本統一を果たす。健康志向家でもあり自ら薬作りを行っていたらしい。

## このカードが出たときは…

**正位置**
成功する
ハッピーエンド
ひとつの仕組みを作り上げる

**逆位置**
制度疲労（せいどひろう）（状況変化をうけてうまくいかなくなる）
無気力
未完成

|  | 正位置 | 逆位置 |
| --- | --- | --- |
| 全体運 | 最高の結末 | 視野が広がらない |
| 恋愛運 | 成就 | 停滞 |
| 仕事運 | 望む形になる | スランプ |
| 金運 | 満足できる収入 | 変化なし |
| 対人運 | 意識の高い仲間 | 閉鎖的な関係 |

徳川家康

カード解説

天華舞翔

ラクシュミー先生による
鑑定例をいくつか紹介!!
これを参考にしてあなただけの
タロット占いを身につけよう!!

# 鑑定例

※同じ質問をして同じカードが出るとはかぎりません。

# 参枚引き鑑定例 其の壱

**問** 主人との関係が最近うまくいっていません。ゆくゆくは別れたいと思うようになってきました。どうなっていきますか。

### 過去

星 逆位置

### 現在

女帝 正位置

### 未来

太陽 正位置

**過去 — 石田三成（いしだみつなり）の悪いところと似ている**
将来設計にズレがありました。お互いの仕事について理解しあっていなかったかもしれません。忙しくて、相手に向き合うこともできていませんでした。また、相手に対して理想を押し付け寛大な心でなかったようです。
（影響力のある武断派大名たちを無視して事務作業を進めていたようなイメージです）

**現在 — 浅井長政（あざいながまさ）の良いところと似ている**
周囲からの援助があり生活したいはうまくいっているようです。仕事も拡大しているので、調子がよくあまりネガティブな考えにならないかもしれませんし、相手に優しく接することができているでしょう。また子供の母親であるということへの自覚が出てきています。
（お市の方を娶り、仲睦まじく暮らしていたイメージです）

**未来 — 伊達政宗（だてまさむね）の良いところと似ている**
正々堂々と自分を表現し、それを相手が受け入れてくれるでしょう。まっすぐに向きあえば分かり合えることに気づきます。子供のことや趣味のことで絆を再確認する暗示もあり、別れる決断はしない方向に行くでしょう。
（豊臣秀吉に小田原攻め参加を命じられたが、大幅に遅れて来た事を正々堂々とわびに行ったようなイメージです）

54　鑑定例

# 参枚引き鑑定例 其の弐

**問** 就活中です。早くよいところを見つけたいのですがどうなっていきますか。

過去
上杉景勝
力 逆位置

現在
武田信玄
皇帝 逆位置

未来
魔術師
真田幸村
魔術師 正位置

**過去** **上杉景勝の悪いところと似ている**
就職活動がうまくいかなくて自信喪失ぎみになっていました。優秀な友人や家族などと自分を比較してしまい、判断基準がわからなかったのかもしれません。全体的にテンションが落ちていました。
(義父・上杉謙信の威光を意識しすぎていたようなイメージです)

**現在** **武田信玄の悪いところと似ている**
帰属するところのない自分が、社会のはみ出し者のように思えています。受け入れられないなら、頑張ってもしょうがないという気分でしょう。今までの自分がやってきたことにこだわり過ぎかもしれません。
(実の父親と息子を追放したイメージです)

**未来** **真田幸村の良いところと似ている**
新しい技術をうまくアピールすることができ、面接に成功するでしょう。情報収集が功を奏し、動きに無駄がなくなります。今までの方向とは違ったところで就職が決まるでしょう。
(大阪冬の陣で真田丸を築いて戦ったイメージです)

鑑定例 55

# 参枚引き鑑定例 其の参

**問** 今の仕事をやめて独立して自分の店を持ちたいと思いますが大丈夫でしょうか。

過去
法王 逆位置

現在
愚者 正位置

未来
運命の輪 正位置

**過去 斎藤道三の悪いところと似ている**
周囲とうまく行かず、誰も引き立ててくれなかったかもしれません。やったことはやり返されるという、競争の激しい現場にいました。
(跡取り息子の義龍に裏切られ戦をしかけられたイメージです)

**現在 織田信長の良いところと似ている**
自由になるときが来ています。常識にとらわれず前例のないことができるでしょう。しがらみを無視するところにあなたの良さがあります。
(桶狭間で奇襲をかけて今川義元を討ち取ったイメージです)

**未来 前田利家の良いところと似ている**
店舗物件や、資金などラッキーな話が舞い込んでくるでしょう。そしてそれに乗ることで運気の流れを一気に自分に引き寄せることができます。チャンス到来です。
(賤ヶ岳の戦いで、柴田勝家から豊臣秀吉に乗り換えようとしたイメージです)

# 参枚引き鑑定例 其の四

**問** 資格試験の勉強をしています。かなり難易度が高いのですが、今年はどうなるでしょうか。

過去

**死神** 逆位置

現在

**太陽** 逆位置

未来

**女帝** 逆位置

---

**過去** — **明智光秀（あけちみつひで）の悪いところと似ている**
この試験に合格することで、人生が一転するかもしれません。その期待を持って勉強を始めました。始めるにあたってもかなりの決断が必要だったはずですが、少し無謀だったでしょう。
（本能寺の変を起こすに至ったイメージです）

---

**現在** — **伊達政宗（だてまさむね）の悪いところと似ている**
ハードルの高い試験だとわかっているのに、脳天気に構え過ぎかもしれません。理解力はあるのですが地道な努力に欠けています。
（慶長の遣欧使節があまり成果がなかったようなイメージです）

---

**未来** — **浅井長政（あざいながまさ）の悪いところと似ている**
勉強範囲の手を広げすぎて成果が出にくいでしょう。未来がネガティブな場合、カードの正位置イメージがポジティブに転換するためのアドバイスになります。ムキになって1人で頑張らず、誰かに援助して（教えて）もらいましょう。
（小谷城の戦い前、朝倉義景の援軍を期待していたイメージです）

鑑定例　57

# 参枚引き鑑定例 其の伍

**問** 最近、活力がありません。自分を強く打ち出すことができずエネルギッシュになれないのですが、どうなっていきますか。

過去

現在
浅井長政

未来

**審判** 逆位置　　**女帝** 正位置　　**力** 逆位置

**過去　豊臣秀吉の悪いところと似ている**
一気に大きなことをすべきだと思いすぎていたようです。限界を超えたいと全力でぶつかり、その結果自信を失いチャンスを掴むことができませんでした。いきなりゼロか１００かになってしまうので、周囲がついていけなかったかもしれません。
（文禄・慶長の役で無謀に海外侵略を企てたイメージです）

**現在　浅井長政の良いところと似ている**
ガンガン行かなくても周囲と温和にうまくいっています。活力のコントロールがうまくできていて、やわらかい幸せがあるでしょう。
（娘３人に恵まれていたイメージです）

**未来　上杉景勝の悪いところと似ている**
そもそも、あまり欲がなくて周囲の期待に応えることが喜びになります。自我を打ち出すことだけがエネルギーではありません。ポジティブな結果を得るためのアドバイスは周囲とうまく調和していくこと。自分のやりたいことはもう定まっているので下品にドタバタしないほうがいいでしょう。
（上杉謙信の後継者争いで御館の乱を引き起こしたイメージです。）

58　鑑定例

# 参枚引き鑑定例 其の六

**問** ダブル不倫中の彼がいます。この先どうなっていくでしょう。

過去
節制 正位置
黒田官兵衛

現在
力 逆位置

未来
法王 逆位置

### 過去 黒田官兵衛の良いところと似ている
自然にコミュニケーションができ、なごめる相手です。不倫というエッジの立った関係というよりふんわりしたムードがありました。お互いにわかりあいやすく、節度を持ったおつきあいができていました。誰も悲しんでいませんでした。
（キリシタン大名としてあまり人を殺さない策をとっていたイメージです）

### 現在 上杉景勝の悪いところと似ている
本当にほしいものをお互いに言うことができません。考えないといけないところに向き合わないようにしているのかも。またフィジカルな関係に溺れやすくなっています。
（家康による会津征伐を引き起こした景勝の意地の張り方のイメージです）

### 未来 斎藤道三の悪いところと似ている
エゴが強くなり、嘘をついてしまいそう。相手の裏切りが気にかかって素直になれないかもしれません。相手は自分の家族に対する責任を守ろうとし、そこから動きません。ポジティブな結果を得るためのアドバイスとしてはお互いの守るべきものを尊重し合ったほうがいいでしょう。
（斎藤道三が土岐氏を追放したようなイメージです）

鑑定例　59

# 参枚引き鑑定例 其の七

**問** 仲間うちでもめた人がいます。今も気まずいままなのですがどうなっていくでしょうか。

### 過去

吊るされた男 逆位置

### 現在

女教皇 逆位置

### 未来

皇帝 正位置

---

**過去　柴田勝家の悪いところと似ている**
その人のためを思って動いたのに裏切られたかもしれません。生真面目すぎて出し抜かれるような結果になっていたでしょう。
(清州会議で政治力が発揮できなかったイメージです)

---

**現在　上杉謙信の悪いところと似ている**
相手の動きが、筋が通っていないように思えてイライラしています。寛大な心で接することができません。また理想とするところが違うことを実感し、もう仲間であることは難しいかもしれないという状態です。
(毘沙門天を崇拝しての、ストイックさに誰もついていけないイメージです)

---

**未来　武田信玄の良いところと似ている**
理想論にとらわれることなく、現実問題としての対処ができるようになるでしょう。周囲の人間関係の兼ね合いで、必然的にしゃべらないといけないシチュエーションになったりします。根本的な解決にはなっていませんが、オトナの対応ができるでしょう。
(盤石の家臣団に支えられて勝ち進んでいるイメージです)

60　鑑定例

# 参枚引き鑑定例 其の八

**問** まだ独身で結婚したいと思っていますがなかなか相手が見つかりません。どうなっていきますか。

過去

愚者　織田信長
**愚者** 正位置

現在

正義　大谷吉継
**正義** 正位置

未来

魔術師　真田幸村
**魔術師** 正位置

**過去**
**織田信長の良いところと似ている**
常識にとらわれない生き方をしたいと思っていました。独り身の自由を満喫していたでしょう。お付き合いしていた人もいましたが、将来をともにするようなものではありませんでした。
（身分や慣習にとらわれず武将を登用していたイメージです）

**現在**
**大谷吉継の良いところと似ている**
パートナーの必要性を感じるようになってきました。周囲を安心させ常識的な行動をした方がいいという思いも強まっています。また友人関係の中から相手を探す暗示も。
（文治派でありながら武断派の大名たちともうまく交流していたイメージです）

**未来**
**真田幸村の良いところと似ている**
新しい人間関係がはじまり、その中に大きな出会いがあるでしょう。あなたを必要としている人がSNSの中にいる可能性があります。展開が早く、驚くようなスピードで結婚まで行き着くかもしれません。
（豊臣方からの誘いに応じて謹慎中の九度山を退去し大阪城に入城したイメージです）

## 対戦型鑑定例（弐枚引き） 其の壱

**問** 仕事関係で嫌いな人がいます。いわゆるライバル的な存在なのでなんとか勝ちたいです。

**死神 正位置** — 質問者

明智光秀

**星 逆位置** — 相手

石田三成

### 明智光秀的スタンス

大きなことをなしとげるためのがけっぷちにいます。ここで決断すれば今までとはまったく違った境地にたどり着けるでしょう。細かいことにこだわるべきではありません。

### 石田三成的スタンス（しかしネガティブ）

あたまでっかちで理想論ばかりを振りかざしています。人をたくさん集めてパワフルに動いているように見えますが内情はバラバラで一触即発です。実利で人を釣っているので矛盾だらけです。

## 結果 明智光秀 VS 石田三成

悲運の敗将として人気の高い二人です。どちらもプライドの高さゆえに、人望を集められなかったところが似ています。空理空論を振りかざしているように見えるかもしれません。しかし兎にも角にも、天下分け目の戦いをプロデュースした能力は非凡なものがあるといえるでしょう。史実的には直接対決していませんが、もし戦えば似たキャラ同士となり相通じるものがあるのでお互いの策もわかりやすいかもしれません。伝統的なもの VS 新時代の基軸というポリシーの違いで戦ったとするならば、百戦錬磨の明智光秀のほうに軍配が上がりそうです。

# 対戦型鑑定例 其の弐
（弐枚引き）

**問** 企画を持ち込みたいと思っています。どちらの会社が OK してくれるでしょう。ふたつの会社はライバル関係にあります。

**力** 正位置　　　　　　　　　　　　　　**月** 正位置

A社

B社

### 上杉景勝的スタンス

企画書をまじめに読んで、良し悪しを判断してくれるでしょう。会社としての信念がはっきりあり、それに沿っていれば採用になります。私利私欲で判断するところがないので、安心して任せられます。

### 細川藤孝的スタンス

企画の意図をあまりわかってもらえないかもしれません。はっきりした返事がなく、不安になってしまいそう。あいまいな返事に振り回されるでしょう。

## 結果　上杉景勝 vs 細川藤孝

上杉謙信の築き上げてきたものを守ろうとした景勝と、古今伝授を守ろうとした藤孝。ともに古くからあるものを尊敬し、そこに寄って立っています。ただし上杉景勝は、謙信の遺訓どおり「義」を貫く人であり、何があってもそれが行動規範になります。細川藤孝は、芸術を理解するあまり、武士としての姿勢がぐらつくことがあったかもしれません。保身という点では真逆でしょう。この二人は直接対決したことがありませんが、もし戦えば筋を通すことにこだわる景勝のほうが味方を集めることができるでしょう。

鑑定例

## 対戦型鑑定例 其の参
（弐枚引き）

**問**
知り合いに頼まれて代理購入をした高額商品の支払いが滞っていていっこうに入金がありません。正当なお金をもらえるでしょうか。

**吊るされた男** 逆位置

**太陽** 逆位置

質問者 × 相手

**柴田勝家的スタンス**
（しかしネガティブ）

待っても待ってもらちがあかない状態です。そろそろお金も尽きてきていて、身動きがとれなくなっています。助けを求めたいがどこにも声が届きません。

**伊達政宗的スタンス**
（しかしネガティブ）

あまり悪いと思っていません。なんとかなると思って開き直っているのかもしれません。時期がくれば好転するという脳天気な発想になっています。

## 結果 柴田勝家 vs 伊達政宗

どちらもいろんなタイミングが遅かったといわれている武将です。柴田勝家は、勇猛ではありましたが政治面経済面では時流を読むことが難しかったようです。そのため清州会議ではあまりよい結果を得ることができませんでした。伊達政宗は天下を望める器であったといわれていますが、生まれた場所が東北で、なおかつ三英傑（織田信長、豊臣秀吉、徳川家康）より30才ほど若く、ほぼ天下統一がなされようとした時に成人しています。勝家は勝負のタイミングは読めても時流が読めず、政宗は時流は読めてもタイミングが違ったのですが、この勝負は時の流れを読んで自分の身の処し方を決められた政宗の勝利になりそう。カードの意味的には、支払いについて質問者がいらいらしても相手方はマイペースで意に介していません。払わないわけではないでしょうが、後回しにされてしまうかもしれません。

# 対戦型鑑定例 其の四
（弐枚引き）

**問**

好きな人がいます。でもその人はわたしよりもっと若くてかわいい人と仲が良さそうに見えていて、そこが気になってしまいます。わたしは勝てるでしょうか。

**女教皇** 逆位置

質問者 × 相手

**皇帝** 正位置

### 上杉謙信的スタンス
（しかしネガティブ）

ステキな男性だと思っているのですが、どうしても現実的な行動に出ることができません。理想論ばかりをアタマの中で考えていて、占ってみたり妄想してみたりと一歩踏み出すことができにくいでしょう。自分に自信が持ちにくいのかもしれません。

### 武田信玄的スタンス

男性のほうが彼女を守ってあげようとしているようです。何かしら仕事面で援助していくかもしれません。彼女もそれに素直に従っています。また男性から見てわかりやすい女性の魅力を持っています。

## 結果 上杉謙信 vs 武田信玄

上杉謙信と武田信玄は史実でも何度も戦っていて、どちらも勇将として知られ互角の勝負の結果、決着はついていません。ただしこのケースは、上杉謙信のほうのカードが逆位置になっていて、武田信玄のほうが優勢です。戦ではなく恋愛問題のライバルとしてとらえた場合、謙信の理想主義や義に殉じる姿勢は現実的ではないのかもしれません。

鑑定例　65

## 対戦型鑑定例（弐枚引き） 其の伍

**問** 職場の上司がわたしを疎んじているように思います。人格もひどく能力もない人だと感じていますが、うまくやっていかないと困るとは考えています。どうなるでしょうか。

**月** 逆位置

質問者 ×

**細川藤孝的スタンス**
（しかしネガティブ）

妄想的になっているのかもしれません。いろんな情報が入って来れば来るほど、上司として信頼ができなくなっています。また、いつか出し抜いてやりたいとの感情があるのを否定できません。

**審判** 逆位置

相手

**豊臣秀吉的スタンス**
（しかしネガティブ）

上司とはいっても自分でものごとを決めることができない人で、その上の上司の顔色をうかがっているだけのタイプでしょう。質問者のことを好き嫌いで見ているわけではありませんが、広い世界を知っている人だと思っているので自分のエリア外のことを言われると面倒くさいと考えているでしょう。

**結果 細川藤孝 vs 豊臣秀吉**

細川藤孝と豊臣秀吉は、本能寺の変の直後に敵対しかけたときがありますが、藤孝のほうが明智光秀の誘いに乗らず秀吉に味方しました。もしここで戦っていたなら、現実問題への対応では秀吉のほうに分があります。藤孝のほうは裏切りに走りたくなるでしょう。しかし策を弄すれば弄するほど、不信感のかたまりになってしまいます。しかしそれは秀吉の知るところになり、正面から戦わなくても秀吉の勝利になるでしょう。この問題においても、質問者が上司のスキを狙ったところで、上司は意に介しません。この上司はもうひとつ立場が上の上司のご機嫌を取ることしか考えていないでしょう。

# 対戦型鑑定例（弐枚引き） 其の六

**問** 何かにつけて揚げ足を取ってくる人がいます。無視していても絡んでくるので、扱い方がよくわかりません。

**世界** 正位置　　　　　　　　　　　　　　　**審判** 逆位置

質問者 × 相手

**徳川家康的スタンス**

とくにこの問題に関して悪いことをしたわけではないでしょう。質問者は地道に努力して今の地位と環境を手に入れたはずです。しかしそれが相手からすると「すべてを持っている」と思われやすいのかもしれません。

**豊臣秀吉的スタンス**（しかしネガティブ）

壁を乗り越えられない挫折感がある人かもしれません。自分の出自や能力に対してコンプレックスがあり、一気にそれをなんとかしたいとあれこれトライしますがなかなか成功しないでしょう。常に人にバカにされているかもしれないという恐怖感があります。

## 結果　徳川家康 vs 豊臣秀吉

徳川家康と豊臣秀吉は、1度だけ「小牧・長久手の戦い」で戦っています。その時の実際の戦いでは家康のほうが勝っていましたが、秀吉が作戦で家康を孤立させて戦いが終わってしまいました。最終的に大阪夏の陣で家康は豊臣家に勝ちます。小牧・長久手の戦いから大阪夏の陣までほぼ30年、地道に勢力を伸ばしたことによる勝利です。また秀吉が持っていた家柄や出自に対するコンプレックスは、解消されることがありませんでした。このリーディングでは、相手の人のコンプレックスを質問者が刺激してしまっているようです。寛大にふるまうとそれがまた相手の神経を逆撫でしてしまうかもしれません。別の目的や環境に行けるようにアシストしてあげたほうがいいでしょう。

# 壱枚引き鑑定例 其の壱

**問** 好きなことを仕事にしたいと思っています。

**世界** 正位置

## 徳川家康からの助言

中途半端なことをせず、自身の持っている能力を100%出し切る努力をした方がよろしいでしょう。余力を残そうと思うと失敗しますぞ。また、水準の高きことに挑戦するときは下調べと根回しが大事になりまする。そこに時間をかけるようにしましょう。若きころに夢叶わなくとも、ある程度年齢を重ねてからのほうが認められやすいかもしれませぬ。手を抜かず地道な努力を継続したところに、必ず勝利はあるのですぞ。

# 壱枚引き鑑定例 其の弐

**問** もっとお金儲けがしたいです。

戦車 逆位置

### 長宗我部元親（ちょうそかべもとちか）からの助言

焦って勝負に出ぬほうが良い。暴走しやすい暗示があるからのう。また、目先のお金が欲しいあまりに長期的展望に欠けてしまうかも知れぬな。落ち着いて冷静な判断をすることが要点になるぞ。周囲の人の言うことを聞かず、自分の思い込みだけで進みやすいので気をつけた方が良いだろう。そのために大事な人を失ってしまうかも知れぬので気を付けることじゃ。

# 壱枚引き鑑定例 其の参

**問** 断捨離したいです。

**塔** 正位置

## 島津義弘からの助言

誰かからもらったものを、もらいものだからと大事にしまいこんでおくのはやめよ。己の好みに合ったものだけを身辺に置くようにすると良いぞ。また、捨てすぎかと思うくらいの量を処分してちょうど良いのじゃ。たくさんのものを手放して後で衝撃を受けるようなことがあるかもしれぬが、お主にはそれくらいの痛みが必要だのう。

天華舞翔

# 占星術で見る戦国武将の裏の顔

※戦国武将の出生日については諸説あります。

# 占星術で見る戦国武将の裏の顔

戦国武将の功績は史実として伝わっているものもあれば、江戸時代の講談などでおもしろおかしいストーリーにされてしまっているものもあります。どちらにせよ、武将としての表の顔である領国支配や、合戦などにまつわるものが多いのではないでしょうか。ここでは出生日のわかる戦国武将について、西洋占星術を使って史実として伝わる表の顔と違う知られざる裏の顔について読み解いてみたいと思います。

西洋占星術では生まれたときの太陽系の惑星の配置によってものごとを判断します。まず太陽が入っていた星座で「目指すもの」「公的な顔」「父親像」がわかりますが、月が入っていた星座は「感情」「私的な部分」「母親像と妻像」を表しています。

以下
☿ 水星　技術、コミュニケーション（戦国武将においては戦術や家臣への指導力）
♀ 金星　趣味、女性の好み（戦国武将においては娯楽の傾向や個性の強さ）
♂ 火星　活力、行動力（戦国武将においては突進力、決断力）
♃ 木星　援助（戦国武将においては拡大力、運気の良さ）
♄ 土星　調整、抑圧（戦国武将においては統率力、古典的な知識、主君）

また、星座は12個、ユング心理学(※1)などとも共通する論理で
♈♌♐火のサイン（直観タイプ）おひつじ座、しし座、いて座
♉♍♑土のサイン（感覚タイプ）おうし座、おとめ座、やぎ座
♊♎♒風のサイン（知性タイプ）ふたご座、てんびん座、みずがめ座
♋♏♓水のサイン（感情タイプ）かに座、さそり座、うお座
と分けられています。（※1ユングが提唱した分析心理学）

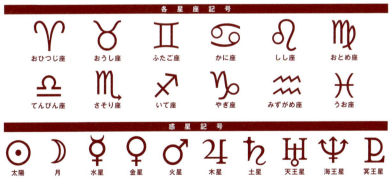

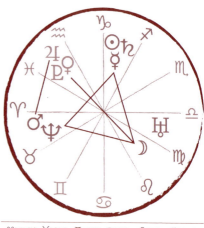

♈おひつじ座　♉おうし座　♊ふたご座　♋かに座　♌しし座　♍おとめ座
♎てんびん座　♏さそり座　♐いて座　♑やぎ座　♒みずがめ座　♓うお座

☉太陽　☽月　☿水星　♀金星　♂火星
♃木星　♄土星　♅天王星　♆海王星　♇冥王星

## 其の壱
# 黒田官兵衛
### 1546.12.22生まれ

「太陽」がいて座、「月」がしし座、「海王星」がおひつじ座にあり、火の星座で統一感があります。思いつきや直観力にすぐれた人だったはずです。公的な自分と私的なスタイルと自分の夢とがうまくリンクすることができたでしょう。戦国武将のホロスコープはどこかに矛盾があったり破綻があったりしたほうが、当人たちも戦いへのモチベーションになるものですが、黒田官兵衛はとても穏やかな惑星の配置です。ただし戦いの惑星「火星」も火の星座のおひつじ座にあり勢いと突進力は人並み以上だったでしょう。また趣味を表す星「金星」が革新的なもの最先端なものを表す風のサインのみずがめ座にあり普通ではない部分を示す「冥王星」と近いので、キリシタンになったり側室をおかなかったりという逸話のとおり戦国時代の人としてはかなり斬新で現代人のわたしたちでも理解できるような感性を持っていたはずです。またその「冥王星」は母親や妻を暗示する「月」と対峙していて、マザコンであったり恐妻家であったりした可能性もあります。

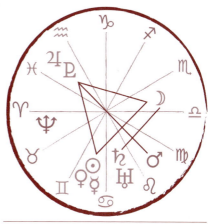

♈おひつじ座 ♉おうし座 ♊ふたご座 ♋かに座 ♌しし座 ♍おとめ座
♎てんびん座 ♏さそり座 ♐いて座 ♑やぎ座 ♒みずがめ座 ♓うお座

☉太陽 ☽月 ☿水星 ♀金星 ♂火星
♃木星 ♄土星 ♅天王星 ♆海王星 ♇冥王星

## 其の弐
# 細川藤孝
### 1534.06.03生まれ

「太陽」がふたご座で「月」がてんびん座、「冥王星」と「木星」がみずがめ座にあり、こちらは風の星座で統一感があります。黒田官兵衛が直観の火の星座であるのに対して細川藤孝は風の星座なので情報とか知性とかに秀でていたでしょう。公的な自分と私的な自分、そこに援助があり底力もあるといったリンクがあり幸運なホロスコープといえるでしょう。またパーソナリティの根幹は風の星座で爽やか軽やかなのですが、戦いの惑星「火星」は火の星座のしし座にありみずがめ座にある援助の惑星「木星」底力の惑星「冥王星」と対峙していますので、いざ戦のときは鬼神のような戦闘能力があったはずです。趣味の惑星「金星」は風の星座のふたご座にあり、実は新しくておもしろいものが好きだったかもしれません。古典的知識の惑星「土星」は感情や人とのつながりを表す水の星座のかに座にあり、伝統的な家系の出身であることを偲ばせますがその「土星」は風の星座であるてんびん座の「月」とは相性が悪いのです。古今伝授の知識など本人的にはあまり好きではなかった可能性があります。

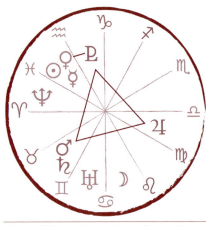

Ὑおひつじ座　Ծおうし座　Ⅱふたご座　֍かに座　Ωしし座　♍おとめ座
♎てんびん座　♏さそり座　♐いて座　♑やぎ座　♒みずがめ座　♓うお座

☉太陽　☽月　☿水星　♀金星　♂火星
♃木星　♄土星　♅天王星　♆海王星　♇冥王星

## 其の参
# 上杉謙信
### 1530.02.18生まれ

「太陽」は風の星座のみずがめ座にあり「月」は水の星座のかに座にあります。自分が目指すものは風の星座の革新的であることとシステムをうまく使うことなのですが、感情は水の星座なので割り切れず義理人情に流されやすかったでしょう。ただしそれが多くの家臣に慕われるところだったかもしれません。戦闘力を表す「火星」と底力の「冥王星」、援助拡大の「木星」が土の星座にあり、領土と食料という具体的なテーマのために戦う姿が暗示されています。ただしこの「火星」「冥王星」「木星」は、「太陽」の星座とは絡みがないので、天下取りなどの野望を大きく掲げるのではなく、あくまで民のために戦ったのでしょう。また、趣味を表す「金星」はふつうのものでは飽き足らない風の星座のみずがめ座にあり底力と強烈さを示す「冥王星」の近くにあります。恋愛については一筋縄ではいかない好みをしていたでしょう。ただし妻像は、「月」の星座で表されるかに座なので母性的で家庭的なものを望んでいたはず。かなりプライベートでは矛盾の多い人だったのではないでしょうか。

76　　占星術で見る戦国武将の裏の顔

○おひつじ座 ○おうし座 ○ふたご座 ○かに座 ○しし座 ○おとめ座
○てんびん座 ○さそり座 ○いて座 ○やぎ座 ○みずがめ座 ○うお座

○太陽 ○月 ○水星 ○金星 ○火星
○木星 ○土星 ○天王星 ○海王星 ○冥王星

## 〖其の四〗
# 伊達政宗
だて まさむね

**1567.09.05生まれ**

「太陽」は土の星座のおとめ座で「月」も同じ土の星座のおうし座です。これは実利性と地道さを表し公私に矛盾がありません。ただし人生の公的な目標を表す「太陽」が土の星座のおとめ座、夢を広げる「海王星」が風の星座のふたご座、根源的なパワーを示す「冥王星」が水の星座のうお座、変化と革新を象徴する「天王星」がいて座にあり、大きな夢を新しい方向に広げたい強い願望があるが、強く打ち出しすぎて収拾がつきにくいという意味を持ちます。天下を取ることよりも海外のほうに関心が強かったのかもしれません。伊達政宗というと母親との確執が有名ですがホロスコープで母を表すのは「月」の星座になります。土の星座であるおうし座は確かに利己的な部分もありますが、ほかの惑星との厳しい配置がないのでとくに大きな問題があった感じには見えません。逆に父親像のほうがとても矛盾していて乗り越えたいがコンプレックスも強いというイメージです。

占星術て見る戦国武将の裏の顔

## あとがき

かつて鉄血宰相と呼ばれたドイツのビスマルク首相(1815年－1898年)は「愚者は経験に学び、賢者は歴史に学ぶ」といいました。

歴史の登場人物に思いをはせるとき、今に生きるわたしたちと身体の作りも感情のサイクルもあまり変わりがないことに気づきます。

今の価値観で歴史を観るのではなく、そのときどきの考え方に寄り添うことで、もっと広い視野が得られるでしょう。

何かに迷ったとき、未来を知りたくなったとき、歴史上の人物の行動や思考を参考にできると思います。そこには普遍的ななにかがあるはずです。

伝統的なものの堅苦しさや保守性などから、古いものの良さに触れずにいるのはもったいないと思いませんか。西洋的な考え方をモチーフにして構築されたタロットカードと、戦国時代という日本古来の美学を象徴するような時代とのリンクはあなたの中のベースにあるものを再確認させ、先入観を取り外すのに役立つでしょう。

タロットカードには、いろいろな象徴が描かれ、そのモチーフがわたしたちの深層心理の奥にあるものに触れて、真実を導き出します。タロットカードの力を借りて戦国時代へトリップしてみませんか。

この企画はイラストレーターの市ヶ谷さんの素晴らしい絵によるものが大きいです。駒草出版の石川彰一郎氏には斬新な企画とご尽力をいただき、同じく島田一志氏にもわかりやすいアイディアとディレクションをいただきました。ならびにタロットカードの楽しさを広げてくださった加藤マカロンさん、タロットカードの基本的なスタンスを教えていただいた宏林先生、いろんな象徴の深い意味を教えていただいた松村潔先生、ご協力くださったみなさまに厚く御礼申し上げます。

最後に歴史に対する知識を広げ面白さを教えてくれた亡き父にも感謝を捧げたいと思います。

2016年2月　ラクシュミー

天華舞翔

【著者プロフィール】
## ラクシュミー（占術実践家）
日本最大の占い館、大阪ミナミの「ジュピター」にてトータル3万人以上の鑑定実績を持ち、タロットリーディングのリアルな第一線で活躍中。自分と周囲とを客観的に見つめ直す機会を持つことで現象だけにとらわれない、よりよい生活を送れるとの考えから個人鑑定をベースにしている。カルチャーセンターや占いスクールでの講座も多数開催。『マカロンタロットで学ぶタロット占い』（駒草出版刊）の監修者である。
http://www.mahashri.com

【イラストレーション】
## 市ヶ谷／ICHIGAYA
http://kayoubi088.tumblr.com

# 天華舞翔 戦国武将タロット
2016年2月8日初版発行

著者　ラクシュミー
イラスト　市ヶ谷

発行者　井上弘治
発行所　駒草出版
　　　　株式会社ダンク 出版事業部

〒110-0016 東京都台東区台東1-7-1 邦洋秋葉原ビル2F
TEL 03-3834-9087／FAX 03-3834-4508
http://www.komakusa-pub.jp/

企画・編集　石川彰一郎（駒草出版）
編集　　　　島田一志（駒草出版）

カバー・本文デザイン　有限会社アーテン
　　　　　　　　　　　能瀬公輔・井川直子・佐々木あゆみ・伊藤麻衣子
図版協力　加藤マカロン
印刷　　　シナノ印刷株式会社
カード製作　株式会社新晃社
製本所　　東京美術紙工協業組合

©Lakshmi 2016,printed in Japan　ISBN 978-4-905447-60-3
乱丁・落丁本はお取り替えいたします。定価はケースに表示してあります。